AF392610

amante

amor fugaz soledad perenne

OVI

EDIQUID

Es tan corto el amor, y es tan largo el olvido.

Pablo Neruda

enamoramiento

un día más

en que recorro sin premura

el breve espacio de la oficina

un saludo aquí

una respuesta allá

alguna mirada que se pierde tras los cristales

el tiempo transcurre a saltitos,

en el círculo sin fin,

que pende de la pared

donde, ingenuo, creo haberlo domado

algo en su mirada

oculto más allá de su sonrisa

me lleva a musitar

«Buen día, tristeza»

me conmueve tanto su soledad

que no puedo

       por solidaridad

desprenderla

       de mi memoria

así, de repente,

en el tinto del desayuno

al iniciar la mañana

me sorprendo

náufrago

en sus profundos ojos negros

me pesa tanto su indiferencia

que presiento amargo mi destino

en el foso humeante del pocillo

mentiría si dijera que solo ahora

empiezo a sentirla

hace tiempo ya

me acompaña el entorno de su sombra

se desliza su nombre por mi pecho

atraviesa la espalda sin dejar herida

y asume la forma de un enorme vacío

navegan mis manos el espacio

buscan reposar sobre su piel

un susurro urgente

lucha a muerte en mí

no tengo tiempo que ofrecerle

ni espacio para compartirle

nada me falta ni me sobra

aún así

si mira usted mis ojos

encontrará el ansia

          que apenas domino

de darle todo

      sin entregarle nada

me duele la sombra

              que eclipsa su sonrisa

el frío de su soledad

              me hiere

su tristeza

        me sobrecoge

              embriaga

                 atrapa

                    enamora

dice usted que tuvo suficiente de ilusiones

de promesas incumplidas

de dolores por causa ajena

de ahora en más se declara libre

independiente

        autónoma

la miro a distancia

sopeso sus palabras

le niego toda oportunidad

a la sonrisa que galopa hacia mis labios

mientras en mi ser

        se traman planes

            y se atropellan estrategias

pacto

no me comprometo

ni le prometo nada

no le ofrezco calor para las noches frías

ni correr a su lado cuando me necesite

incluso, habrá veces

en que ni siquiera atienda sus llamadas

sin embargo, no le quepa duda,

                    le pertenezco entero

no serán suyas mis navidades

ni míos sus años nuevos

no haremos planes para las vacaciones

ni dispondrá de mis domingos

(en realidad

no lo hará casi con ninguno de mis días)

sin embargo, le repito,

                es suyo todo mi calendario

no tendrá masajes en la espalda

ni hará en mis brazos la siesta

no me tendrá siempre listo

                        para protegerla de sus pesadillas

ni para darle refugio en su soledad

no abandonaré nada

para envejecer a su lado

no asuma por ello que no la amo

créame, es infinito el amor que le guardo

la amo tanto

que lo hago sin excusa

por encima del cotidiano trajín

la amo tanto

que un segundo basta

para rendir el universo a sus pies

la amo tanto

que no la sacrificaré

en el altar de mi edad senil

me niego a plagar de rutina

el breve espacio del amor

aceptación

su silencio

bastó para incubar en mi pecho

un delirante latir

el parpadeo de sus ojos negros

me lanzó a un vértigo sin fin

después, un beso,

suave y húmedo

tierno y atrevido

apasionado y profundo

no soy ya aquel que murió en su fuego

soy otro:

este que nació de sus labios

la mira con franqueza

y toma sin temor su mano

clandestino

suframos juntos

        de amor prohibido

                proscrito

encaramémonos en él

como quienes suben a hurtadillas

a un barco sin timón

emprendamos la aventura

sin que importe hasta cuándo

ni hasta dónde

adentrémonos

en un amor lujurioso

           en la ternura

tierno

    en la lujuria

nuestro amor se nutre del secreto

de la caricia que no se hace pública,

del beso que se oculta

no deben nuestros dedos

entrelazarse bajo la luz de la luna

ni nuestros cuerpos juntarse al resplandor del sol

no debo gritarle «MÍA»

ni robarle un beso

                 al caminar por la avenida,

aunque sea cierto lo primero

y muera de ganas por lo segundo

nuestro amor rediseñó espacios

inventó cielos por recorrer sin prisa

playas para navegar este verano

carruseles y comercios bajo la luna

dio lugar a un mundo nuevo

libre de convencionalismos

     y ataduras

levantó un palacio

ajeno a rencores y malquerencias

donde nadie da espacio al amor

rendimos nuestro campo de batalla

y resurgimos victoriosos tras cada herida

pasión

recorramos sin prisa nuestros cuerpos

amémonos sin disculpas ni fatigas

ilumine la luna nuestro entorno

y dibuje la penumbra su silueta

bebamos con ansia esta copa

qué más da si mañana nos quema

qué más da si al nacer el sol

deban ignorarse nuestros cuerpos

nunca entenderán los ajenos esta urgencia

no vibrarán nuestros temblores en sus cuerpos

su piel canela

entre el manto negro

de la noche

se ofrece a mí

como el más hermoso andamiaje musical

se buscan nuestros cuerpos

al compás de las notas quedas y vibrantes

de la Sonata n.º 14 en *do* sostenido menor

¿cómo hizo el «divino sordo»

para dar a luz tan sublime pieza

sin tener al alcance

la ternura suave y triste

de su desnudez?

acaso, visionario pertinaz,

superó siglos y distancias

para indagar de su respirar

           el ritmo

y de su piel

  la urgente calma

su piel

canela, instantes hace

         traslúcida,

     luego

        fulminante y enceguecedora

yace ahora

    a mi lado

      plácida

        tranquila

satisfechos

vigilados tras la cortina de nubes

por la mirada atenta

        de una luna sin rencor

vuelven nuestros cuerpos

        a ser dos

las yemas de sus dedos

suaves, delicadas

recorriendo cada palmo de mi piel

son mi más bello atrapasueños

otrosí

recuerdo de manera puntual

los términos del pacto

nada por decir en mi defensa,

era lo que había entonces

antes de sus besos

                de sus caricias

antes de usted en mi vida

esos términos ya no bastan

no puedo tornar a mi pasado

tras un presente a su lado

esto es lo que hay ahora:

la reclamo para mí

              me ofrezco para usted

la quiero en mi cotidianidad

ME LA JUEGO CON USTED

a cambio pido

su adhesión a este otrosí

que ahora le planteo

para que me crea

cuando digo que la amo

no necesito gritarlo al viento

no necesito decirlo

sosteniendo la mirada

no necesito aprehender su piel

ni aferrarla contra mí

para que me crea

me basta susurrarlo

al borde de su oído

suficiente un susurro

donde nace

la más tierna de sus sonrisas

¿le he dicho que desde nuestra cotidianidad

siento infinita gratitud con la vida?

¿le he dicho que sus brazos

son el mejor lugar del mundo?

si no lo han dicho mis palabras

es porque espero

que lo intuya en mi mirada

y tenga certeza, a pesar de mi silencio

tragedia

ya viví este momento

este lugar

este poema

tras la ventana llovía

yo, en un verso,

aprisioné el instante

amargo

      oscuro

ya viví este momento,

usted a mi lado

distante

      como la luna

            silenciosa

yo frente a usted

        solo

por último, sus pasos

          cada vez

            más lejos

hoy, al inicio de mi rutina,

envejecí cien años

mis ojos

mis manos

mi andar

acusan los estragos

de su ausencia

¿dónde está mi respirar pleno

mi optimismo a toda prueba?

¿en cuál esquina se quebró mi risa?

¿bajo qué llovizna sucumbió mi esperanza?

se marcharon

tras su rastro

  cuando grité

    su nombre

      por última vez

ausencia

ausente de palabras

de sonrisas

de besos

ausente de susurros

de caricias

de reproches

de mi piel

ausente

el tiempo pasa sin sentido

el llanto de un niño rasga el silencio

mi corazón inerte

sigue su rítmico son

abajo, tanto transeúnte indiferente

arriba, el azul infame

              de un cielo pletórico de vida

aquí adentro

el vacío de su silueta

              en un abismal silencio

ya no soy parte de nada

ni del trajín de las horas pico

ni del deambular de los adolescentes

que caminan de prisa

        pero sin rumbo

no me llena de vida el amanecer

ni me hace más romántico la luna

tras la ventana

miro indiferente a los demás

así, de pronto,

    su partida

        me jubiló la vida

me sobra tanto de mí

ahora que no está

mis manos,

acostumbradas a recorrer su cuerpo,

nada son sin su presencia

su piel

no abarca ya los surcos de mis dedos,

como herramientas en desuso

los llevo en los bolsillos

hoy caminé solo

bajo la lluvia

busqué sus ojos en cada rostro

y su sonrisa en todos los labios

el agitado transitar de la ciudad

no me rozó

me hizo tanta falta

que la vida misma

me desdeñó

me dio usted tanto…

al caer la tarde

presuroso

acudía a refugiarme en su mirada

a espantar con su alegría mi silencio

a inventar un castillo con su aliento

ya no queda nada

      solo un verso

         y su rostro

            por siempre en mí

el viento me trae recuerdos

de cuando jugueteaba inquieto

entre sus cabellos

tantas veces por tantos caminos

fue compañero nuestro

tantas veces llevó de mis labios a su oído

mis susurros

no se detiene

 huye de mí

  corre sin descanso

   busca su pelo

a veces no soy triste,

a veces nada más

es cuando recuerdo su sonrisa

el calor de su silencio

la acerco a mí

juego con sus manos

navego en su aliento

pero no estoy ya en sus ojos

por su mirada pasea

       la sombra

            de un amor furtivo

¿olvidó ya aquel atardecer?

¿aquel en que hizo frío y no lo sentimos

y cayó la noche sin que lo notáramos?

la luna no acudió a la cita

el cielo cubrió de estrellas su desnudez

la ciudad temerosa

emergió entre las sombras

allí quedaron nuestros besos

enmarcados por mil destellos

olvido

llega sin prisa

sin anunciarse

puro

diáfano

el olvido

me sorprende

en una esquina

con la insólita novedad:

al menos por un instante

dejé de pensar en usted

así, sin más,

me sumerjo en él

   por siempre

su recuerdo

ya no estremece mi piel

ni agita mi pecho

no me habitan sus memorias

las melodías y los versos

hablan de alguien que no conozco

transcurren mis días sin asombro

han vuelto a ser míos

            mis momentos

nada a mi alrededor evoca su presencia

La luna ha vuelto a ser solo un disco blanco

y no más que luces impersonales

            las estrellas

inmerso en las estaciones de Vivaldi

       y el murmullo de la lluvia

transito este día

sin sobresaltos

entonces

se desprende del techo

el recuerdo de sus ojos

una brisa leve

los aleja de mí

el viento

embriaga de vida mis pulmones

desde un cielo renovado

el azul me reconforta

la ciudad, inundada de lucecitas,

con sus avenidas

parques, cafetines y transeúntes,

se me ofrece abierta, sin ambages

llueven miradas

centellean sonrisas

tantos rostros...

tantos cuerpos...

ya estuvo bien de estar en usted

de quedarme en su recuerdo

de pretender su vida

llegué a pensar que la habitaba

que entre sus brazos

         culminaba mi búsqueda

que su piel era mi meta

         mi destino

mientras deshago

los anillos de humo del cigarrillo

veo que fue sólo una estación

un puerto

     una parada de autobús

         donde por un instante me detuve

reencuentro

¿la conozco?

¿alguna vez fue parte de mi vida?

si hago memoria,

ahora que la miro

creo recordarla

pero no estoy seguro…

quizá

en alguna esquina

se cruzaron nuestros rumbos

tal vez

le propuse un pacto

adicioné incluso un otrosí

si mal no recuerdo,

no me comprometí

ni le prometí nada

tan solo me la jugué con usted

epílogo

cual sillón vacío en una playa

con grata placidez

asisto al transcurrir del tiempo

un nuevo calendario

alegra mi escritorio

las olas de mi vida

se confunden

con el infinito azul

a lo lejos

se insinúa la silueta

      de alguien que navega...

¿pasará de largo?

CONTENIDO

Amante es un poemario escrito en lenguaje cotidiano que habrá de leerse en orden, corriendo el riesgo de quedar atrapado en la red de sentimientos que lo entretejen, para cerrarlo una vez concluida la historia que narra, intensa y fugaz, como los amores prohibidos.

OVI se dio a conocer a finales de los ochenta publicando en medios de su tierra natal (Colombia), tanto cuentos como poesía y columnas de opinión, para desaparecer luego, por decisión propia, sin abandonar por ello el oficio de la escritura que siempre ha hecho parte de su vida.

Incursionó en el teatro, destacándose como dramaturgo y director de dos grupos de los que también fue fundador: ABRA PALABRA y GRUPO TEATRAL LUZ, para los que creó y dirigió siete obras: Juguemos a…, *Historias cotidianas contadas desde arriba*, *El amor en los tiempos de la prueba*, *Quién trae los juguetes*, *Soledad* y *Río arriba*. Escribió, además, los temas musicales de la puesta en escena.

En sus historias trenza esperanzas, sueños, amores, desamores, alegrías y tristezas, con la pasión y entrega de un artista de enorme sensibilidad, que también da lugar a lo místico y lo mágico a través del pensamiento sobre el sentido de la existencia, sin dejar de lado su compromiso con la realidad social. Ha transitado entre la comedia y la tragedia, transmitiendo siempre su particular filosofía de vida.

Ahora, con *Amante*, en formato de poemario, narra una fugaz historia de amor.

ÚLTIMOS TÍTULOS PUBLICADOS